L^{27}_{in}. 11016.

NOTICE

SUR

M. LE COMTE DE LA FOREST.

M. le comte de La Forest, quoique appartenant à une famille noble du Maine, était né en Artois, dans la ville d'Aire, en 1756. Son père, ancien capitaine au régiment du Roi et chevalier de Saint-Louis, faisait alors partie de l'état-major de cette place. Homme instruit, il communiquait à son fils le goût de l'instruction, tout en le préparant à la vie militaire. De brillantes études vinrent compléter cette première éducation paternelle, et, à peine âgé de seize ans, le jeune de La Forest avait terminé ses classes et reçu le brevet de sous-lieutenant au régiment de Hainaut. Dès l'année suivante, d'autres circonstances changèrent sa destination. Il avait eu pour parrain le marquis de Paulmy, ancien ministre de la guerre, qui, trouvant dans son jeune filleul une maturité précoce et des dispositions remarquables, l'attacha au département des affaires étrangères qu'avait dirigé son oncle, le marquis d'Argenson.

M. de La Forest venait d'être désigné (avril 1778) pour le poste de secrétaire de légation à Genève, lorsqu'on lui conseilla de se faire adjoindre à la légation des États-Unis, déjà partie pour sa destination, mais qui devait être renforcée quand on aurait avis de son arrivée. Nous ouvrions alors, pour la première fois, des relations de diplomatie avec ce pays que secouraient en même temps nos armes, et vers lequel un mouvement général entraînait tous les esprits. M. de La Forest sollicita et obtint d'être envoyé en Amérique; il partit en novembre 1778; trois ans après, M. de La Luzeme, notre ministre, l'expédiait en Franee pour porter l'*ultimatum* des États-Unis au sujet des négociations pour la paix.

Cette mission eut de l'influence sur le sort de M. de La Forest. Il avait été appelé plusieurs fois non-seulement chez M. de Vergennes, alors ministre des affaires étrangères, mais aussi chez le ministre de la marine, qui désirait connaître à fond l'état des affaires en Amérique. Le ministre de la marine était le maréchal de Castries, sous qui le père de M. de La Forest avait servi autrefois. Charmé du jeune diplomate, il lui proposa d'entrer dans la carrière consulaire, alors dépendante de son département, et M. de La Forest, autorisé par M. de Vergennes, saisit cette occasion de se frayer une voie nouvelle et plus rapide.

Consul en Géorgie en 1783; deux ans après vice-consul général, puis consul général près les États-Unis, M. de La Forest était destiné à une intendance coloniale, lorsque les événements de la Révolution vinrent l'arrêter dans sa marche. Révoqué ainsi que tous les autres agents du Roi, il resta en Amérique et vécut dans une retraite qu'il n'aurait certainement pas quittée s'il ne se fût agi de rendre service au pays qui lui donnait asile comme au pays qui l'avait vu naître.

De graves dissensions s'étaient élevées entre la France et les États-Unis. Malgré leurs griefs contre la France, il répugnait aux États-Unis de se déclarer contre elle, et Washington, leur président, fit une dernière démarche. Un exposé accompagné de toutes les pièces justificatives fut par lui envoyé au gouvernement français, et en même temps des ouvertures furent faites à M. de La Forest, avec instance, de se rendre à Paris pour y appuyer cet exposé. Telle était la confiance qu'avaient inspirée son habileté et son caractère conciliant.

Cette confiance fut justifiée; M. de La Forest partit pour Paris en septembre 1793, et, revenu l'année suivante aux États-Unis dont la neutralité avait été reconnue, il concourut pendant quelque temps au maintien de ce qui pouvait être considéré en partie comme son ouvrage ; puis, rentré de nouveau dans la vie privée et rappelé en France par des intérêts de famille, il y revint en 1795, bien éloigné de penser à reprendre des fonctions publiques.

Mais une circonstance très-imprévue en décida autrement. Le 18 juillet 1797, M. de Talleyrand fut nommé ministre des rèlations extérieures, et le jour même de sa nomination, il appela à lui M. de La Forest, qui ne croyait pas en être connu et l'était cependant sous les rapports les plus avantageux. On sait que les mouvements de la Révolution avaient amené M. de Talleyrand aux États-Unis ; aucune relation ne s'y était établie entre lui et M. de La Forest, mais de tous les personnages avec qui M. de Talleyrand avait pu être lié dans ce pays, il n'en était aucun de qui M. de La Forest ne fût connu, et dès longtemps apprécié.

Rendu à la vie publique, M. de La Forest le fut bientôt à sa carrière première, la diplomatie. Le 24 mars 1800, et tandis qu'il était à la tête de l'administration générale des postes, il fut chargé de suivre les négociations ouvertes entre la France et les États-Unis, afin de parvenir à un nouveau traité d'alliance et de commerce, qui fut signé le 30 août suivant. Ce fut pour lui une douce satisfaction de se trouver encore l'heureux intermédiaire de deux pays qui lui étaient si chers. Le 30 octobre de la même année, et toujours étant à la tête de l'administration des postes, il fut chargé de suivre les négociations pour la paix de Lunéville. Son titre était secrétaire de la légation française, et le chef de cette légation était, comme on sait, l'aîné des frères du Premier Consul, Joseph Bonaparte. Revenu à Paris, M. de La Forest y fut attaché à la négociation qui avait pour objet l'arrangement des affaires de l'empire germanique; et en novembre de la même année (1801), on l'envoya à Munich en qualité de ministre plénipotentiaire. C'est pendant le cours de cette mission qu'il eut ordre de se transporter à Ratisbonne, avec le titre de ministre extraordinaire, pour y exercer la médiation de la France, conjointement avec le baron de Bulher, chargé d'exercer la médiation de la Russie. Il s'agissait de régler les indemnités à accorder aux princes allemands dépossédés par la cession faite à la France de la rive gauche du Rhin. On sent toute l'importance d'un tel règlement qui, discuté avec une députation de l'empire germanique, et soumis à l'approbation de la Diète, fut ratifié par l'empereur d'Allemagne, le 27 avril 1803. Trois jours après, M. de La Forest était accrédité près la cour de Berlin, en qualité d'envoyé extraordinaire et ministre plénipotentiaire. Ici, une nouvelle carrière s'ouvrit à ses talents et à son habileté. Il avait pour mission d'obtenir et de maintenir la neutralité de la Prusse pendant la lutte que le Premier Consul, devenu empereur, soutenait contre les puissances coalisées ; et cette neutralité si importante et si combattue était bien souvent compromise par les actes mêmes de l'Empereur, tels que l'occupation du Hanovre, la catastrophe du duc d'Enghien, la violation du territoire prussien à Anspach. Nous ne suivrons pas M. de La Forest dans le cours de négociations si difficiles, dont un ouvrage récent (*Histoire des cabinets de l'Europe*, par Armand Lefebvre) a d'ailleurs parlé avec connaissance de cause et de longs détails. Lui-même n'aurait pas voulu s'en expliquer aussi entièrement, car sa maxime était que le gouvernement seul avait le droit de révéler la conduite de ses agents, et par application de cette maxime, il avait détruit tous les papiers, toutes les correspondances qui se rapportaient à ses divers services, sans même en excepter les lettres d'approbation de son gouvernement et les lettres honorables des souverains étrangers. Une seule a été épargnée avec ces mots de sa main *à garder,* ce qui nous autorise suffisamment à la faire connaître. Elle est d'un prince auprès de qui il avait été accrédité, de cet électeur de Bavière à qui le traité de Presbourg venait de conférer la dignité royale. Nous copions textuellement.

« Monsieur de La Forest, j'ai reçu avec plaisir

« les expressions de la part que vous preniez à l'é-
« lévation de ma maison. Je n'ai jamais oublié com-
« bien vous y aviez concouru et combien je vous
« avais d'obligation à cet égard. J'éprouverai une
« vraie satisfaction toutes les fois que je me trou-
« verai à même de vous prouver ma reconnais-
« sance des services que vous lui avez rendus. Sur
« ce, je prie Dieu, etc.

« MAX-JOSEPH. »

Munich, 21 janvier 1806.

En 1804, pendant le cours de sa mission à Berlin, M. de La Forest avait été nommé commandant
de la Légion d'honneur ; lorsque, au terme de cette
mission (novembre 1806), il rentra en France, il
fut nommé conseiller d'État ; puis, après la paix
de Tilsitt, désigné pour l'ambassade de Russie.
Déjà ses équipages étaient en route, et lui-même
allait partir pour cette nouvelle destination, quand
un événement inattendu, l'enlèvement de la flotte
danoise dans le port même de Copenhague, vint
changer les dispositions de la Russie à l'égard de
l'Angleterre. L'empereur Alexandre offrit sponta-
nément à la France ce que M. de La Forest aurait
été chargé d'obtenir, et dès lors il n'y avait plus
lieu à négociation. Un ambassadeur, du grade de
général, fut envoyé à Saint-Pétersbourg. Peu après,
le 25 mars 1808, à la première nouvelle des événe-

ments d'Aranjuez, c'est-à-dire de l'abdication pré-
cipitée de Charles IV, M. de La Forest reçut l'ordre
de partir pour l'Espagne dans les vingt-quatre
heures : il partit, en effet, en toute hâte, croyant
n'avoir à remplir qu'une courte mission de conciliation entre Charles IV et Ferdinand; mais, après
son départ, d'autres idées s'étaient formées dans
l'esprit de Napoléon. On sait par quelles mesures
il en prépara l'exécution. Toutefois M. de La Forest qu'il avait maintenu à Madrid et nommé son
ambassadeur sans lettres de créance ni désignation
de souverain, ne fut point chargé de prendre part
à ces mesures. Lui-même l'a positivement exprimé
dans quelques notes de sa main d'où nous ex-
trayons la phrase suivante : « Le père et le fils ont
« été attirés à Bayonne par des combinaisons dont
« il m'a été fait mystère. »

Venu pour peu de temps à Madrid, M. de La Forest y fut retenu pendant cinq années. Celui des
frères de Napoléon qu'il avait eu pour chef à Lunéville, le prince Joseph, était roi d'Espagne; ainsi
l'avait voulu Napoléon, dont il contrariait mainte-
nant la politique, et ce n'était pas une tâche facile
pour l'ambassadeur français que de concilier cette
opposition des deux frères. Le pays était d'ailleurs
insurgé, nos armes souvent malheureuses; au milieu
de telles complications et des fatigues d'un travail
incessant, la santé de M. de La Forest fléchit. Il ne

put néanmoins obtenir son rappel que dans les derniers jours de l'année 1812. Le 3 avril 1813, au moment où il allait rentrer en France, il fut nommé grand-croix du nouvel ordre que Napoléon avait institué, l'ordre de la Réunion. Il avait été nommé grand officier de la Légion d'honneur en 1811, pendant son séjour en Espagne, car il n'est aucune de ses missions qui ne lui ait procuré des marques d'une satisfaction méritée.

Cependant cette année 1813 amenait les plus grands événements de l'histoire moderne, et la bataille de Victoria ne fut pas un des moindres revers d'une si désastreuse époque. Se déterminant enfin à relâcher Ferdinand VII, Napoléon confia à M. de La Forest, à peine rendu à la santé, le soin de suivre une négociation auprès de ce prince. Les pouvoirs qu'il lui donna à cet effet sont à la date du 13 novembre 1813. M. de La Forest habitait alors sa terre de Fréchines, dans le département de Loir-et-Cher ; elle était peu éloignée de Valençay, où Ferdinand était détenu. S'y transportant dans le plus grand secret ainsi qu'il lui était prescrit, il y signa, le 11 décembre, avec le duc de San Carlos, plénipotentiaire de Ferdinand, le traité qui rouvrait au prince les portes de l'Espagne. Un historien moderne (Capefigue : *l'Europe pendant le Consulat et l'Empire de Napoléon*, tome X, page 344) en a fait connaitre les conditions, qui satisfaisaient à l'honneur et aux intérêts des deux pays, et nous rappellerons en même temps tous les égards que M. le comte de La Forest apporta dans cette mission. On sait qu'une fois rétabli dans ses États, Ferdinand VII adressa à Napoléon une lettre où il lui exprimait sa satisfaction de la conduite et des procédés de son plénipotentiaire ; et tel était le souvenir qu'il en avait gardé que, treize ans plus tard, en 1826, madame la marquise de Moustier, ambassadrice de France quittant Madrid, il lui donna le cordon de l'ordre de Marie-Louise, « N'oubliant pas qu'elle était fille de M. le comte de La Forest, et étant bien aise de prouver sa reconnaissance des services que cet ancien diplomate lui avait rendus à Valençay. » Ce furent les expressions du monarque transmises à M. de La Forest dans une lettre ministérielle conservée par sa famille.

Le traité de Valençay précéda de peu les dernières luttes de Napoléon. Lors de la formation du gouvernement provisoire présidé par M. de Talleyrand, et à la date du 3 avril 1814, M. de La Forest reçut, par intérim, le portefeuille des affaires étrangères. Le 14 mai suivant, Louis XVIII le nomma son commissaire pour discuter et préparer, avec les commissaires des puissances alliées, le traité de paix qui fut signé le 30 du même mois. Le 6 juillet, il fut nommé conseiller d'État, et le 30 août, grand-croix de la Légion d'honneur. Considérant alors comme terminée sa longue carrière diplomatique, il sollicita et obtint un congé indéfini, et se retira dans sa terre de Fréchines, ne songeant plus qu'à jouir du repos enfin rendu à la France.

Mais le retour de Napoléon compromit bientôt cette tranquillité naissante. Rayé de la liste du conseil d'État, et menacé de plus grandes rigueurs à cause des fonctions ministérielles qu'il avait remplies sous le gouvernement provisoire, M. de La Forest s'abrita sous un mandat de député que lui donna le département de Loir-et-Cher. A la rentrée de Louis XVIII, il eut la présidence du collége électoral de Vendôme dans le même département, fut replacé sur la liste du conseil d'État, et enfin, le 5 mars 1819, fut appelé à la pairie. L'année suivante, Louis XVIII, qui traita toujours avec faveur M. de La Forest, voulut que cette pairie se perpétuât dans sa descendance, et lui substitua héréditairement le marquis de Moustier, son gendre. Plus tard, lors de son sacre, et par ordonnance datée de Reims même, Charles X, non moins favorable à M. de La Forest, le nomma ministre d'État et membre du conseil privé.

M. le comte de La Forest avait environ soixante-trois ans quand il entra dans la Chambre des Pairs. Il ne se proposait pas d'y prendre souvent la parole. La discussion publique lui eût été facile, peu d'hommes étaient plus maîtres de leurs idées et savaient mieux les exprimer, mais il pensait qu'allonger les débats, c'est rarement les éclairer, et son organe n'eût pas d'ailleurs suffi aux fatigues de la tribune; il n'y monta donc que dans de rares occasions, telles que le projet de loi sur la conversion des rentes; mais la part qu'il prit aux travaux de ses collègues n'en fut pas moins active. Il fut membre et rapporteur de plusieurs commissions importantes et concourut avec assiduité aux délibérations des bureaux. C'est là surtout qu'il apportait les fruits de sa longue expérience et cet esprit de conciliation qui l'avait toujours animé.

Tels sont les souvenirs que M. le comte de La Forest a laissés dans la Chambre des Pairs; telle fut précédemment sa carrière diplomatique; on peut la résumer en deux mots : M. de La Forest obtint toujours l'estime des cabinets étrangers et l'approbation de son gouvernement. Toutefois, cette approbation ne coûtait rien à son devoir. Il savait déplaire; lorsque, en 1804, pendant qu'il était à Berlin, vint tout à coup y éclater la nouvelle de l'exécution du duc d'Enghien, il ne déguisa point, il exprima tout au contraire l'indignation qu'elle excitait à la cour, dans le corps diplomatique, dans la société, et ce fut avec une grande franchise, une grande abondance de détails, sa correspondance en fait foi. Elle est déposée aux archives des affaires étrangères ainsi que l'ensemble de ses dépêches recommandables par un caractère particulier de précision et de netteté. Sa rédaction était prompte et sûre, son style clair, simple, facile, de la bonne école diplomatique, de celle en un mot qui, sans négliger les qualités littéraires dans la mesure compatible avec les affaires, se préoccupe peu de l'effet et ne tend qu'au résultat.

En 1830, alors que la Chambre des Députés avait été dissoute et les colléges électoraux convoqués pour le mois de juillet, M. le comte de La Forest eut la présidence du collége électoral de Loir-et-Cher. Les élections faites, il se rendit aux eaux du Mont-Dor où l'appelait le soin de sa santé, et c'est là qu'il apprit tout à coup et presque en même temps les événements de la fin de juillet et du commencement du mois d'août.

A partir de cette époque il s'occupa peu d'affaires publiques. La vieillesse et les infirmités commençaient à l'atteindre ; sa présence à la Chambre des Pairs était devenue plus rare, il dut bientôt s'en éloigner entièrement et ne plus quitter sa terre de Fréchines ; mais sa retraite ne pouvait être oisive ; l'activité de son âme et de son esprit avait le même besoin de s'exercer ; il l'appliqua au soulagement ou à l'utilité de tout ce qui l'entourait, donnant du travail, multipliant ses charités, se montrant partout où il y avait du bien à faire. Déjà anté-

rieurement il avait fait don à sa commune d'une
école et d'un presbytère, et s'était également mon-
tré généreux et serviable pour les communes voi-
sines. On l'avait même vu, en 1816, dans cette
année de mémorable disette, venir au secours du
chef-lieu du département, soit en y faisant vendre
à la halle, à des prix inférieurs, ce que les vastes
greniers qu'il avait à Blois contenaient de réserves
de grains de plusieurs années, soit en aidant les
hospices à distribuer du pain gratuitement.

C'est au milieu de telles œuvres et entouré d'une
partie des siens que la mort vint le frapper le 2 août
1846, presque au moment où il accomplissait sa
quatre-vingt-dixième année. Un aussi grand âge n'a-
vait point altéré ses facultés. Il prenait le même
intérêt à la marche des événements, à sa famille,
à l'administration de sa terre. Il entretenait ses correspondances et employait d'ailleurs une bonne
partie de ses journées à des lectures et des exer-
cices de piété, car la religion fut une des grandes
forces de sa vieillesse.

Dans la succession si rapide et si variée de nos
révolutions, M. de La Forest a eu le rare bonheur
d'échapper aux inimitiés des partis, et de pour-
suivre une vie aussi honorable que respectée. Sa carrière diplomatique l'avait tenu longtemps étranger
à la politique intérieure, et quand il eut à y prendre
part, ce fut avec un complet éloignement de toute

intrigue et de tout intérêt particulier. A toutes les épo-
ques, les seules considérations d'intérêt général et de
tranquillité publique eurent empire sur sa conduite.

Dans la vie privée, il unissait aux formes les plus
polies, et à un caractère affable, facile, généreux,
les ressources d'un esprit riche de son propre fonds,
encore enrichi par la culture. Il n'était point étranger aux sciences et avait conservé, même au milieu de ses plus sérieux travaux, le goût de la lit-
térature et un vif sentiment de la poésie. Sa mémoire
nette et fidèle lui retraça jusqu'à la fin de ses jours
les pays et les événements qu'il avait vus, et il en
parlait, ainsi que de toutes choses, avec une grande
distinction de langage.

Son nom s'est éteint en lui : il n'avait qu'un frère,
maréchal de camp, mort il y a quelques années,
et qui ne s'était pas marié.

Paris. — Juin 1847.

DE L'IMPRIMERIE DE CRAPELET, RUE DE VAUGIRARD, 9.